AF454776

UN SPAHI,

COMÉDIE-VAUDEVILLE EN UN ACTE,

Par MM. ANGEL et LOUIS CORDIEZ,

AIRS NOUVEAUX DE M. CHARLES DE DUFORT,

Représentée, pour la première fois, à Paris, sur le théâtre des VARIÉTÉS,
le 11 août 1854.

PRIX : 60 CENTIMES

Paris

BECK, LIBRAIRE, RUE DES GRANDS-AUGUSTINS, 20

—

1854

UN SPAHI,

COMÉDIE-VAUDEVILLE EN UN ACTE,

Par MM. ANGEL et LOUIS CORDIEZ,

AIRS NOUVEAUX DE M. CHARLES DE DUFORT,

Représentée, pour la première fois, à Paris, sur le théâtre des VARIÉTÉS
le 11 août 1854.

PERSONNAGES.	ACTEURS.
MAXIME GRANDIER, lieutenant de spahis.................	MM. Cachardy.
LE COMTE DE ROCHEBRUNE...........................	Heuzey.
LA COMTESSE DE ROCHEBRUNE......................	Mme Génot.
PAUL, leur neveu et pupille...........................	M. Villette.
HENRIETTE, jeune fille élevée par eux...................	Mlle Marie.
UN DOMESTIQUE...................................	M. Édouard.

Une salle de réception. — Portes au fond; cheminée, avec feu, au milieu; au deuxième plan, sur le côté, portes à droite et à gauche; une console dans l'encoignure, à gauche; causeuse, du même côté, sur le devant de la scène; fauteuil, à droite.

SCÈNE PREMIÈRE.

LA COMTESSE, *assise sur la causeuse;* LE COMTE, *appuyé sur le dos de ce meuble;* PAUL, *debout, à quelques pas d'eux.*

LA COMTESSE. Non, mon neveu, non, ce mariage ne se peut pas!... Que dirait-on si l'héritier des Rochebrune épousait une petite fille de rien?...

PAUL. Mais, ma tante...

LA COMTESSE. Ah! fi donc!

LE COMTE. Fi donc!...

LA COMTESSE. A la mort de sa mère, touchés du sort de Henriette et de celui de son frère, nous avons bien voulu, moi et monsieur le comte, prendre soin des deux enfants de mon ancienne dame de compagnie, et permettre qu'ils fussent élevés à l'hôtel... Je ne m'en repens pas...

LE COMTE. Nous ne nous en repentons pas.

LA COMTESSE. Mais enfin...

PAUL. Orphelin comme eux, presque en entrant dans la vie, j'ai partagé leurs premiers jeux, leurs premières joies; et vous-mêmes, rappelez-vous-le, vous preniez plaisir à voir naître, grandir, mon amitié pour Henriette.

LE COMTE. Le fait est que cela était assez divertissant. Foi d'ancien diplomate, vos petites mines m'amusaient... Ils étaient tout drôlets quand ils se faisaient des m'amours.

LA COMTESSE. Monsieur le comte!...

LE COMTE, *reprenant un air sévère.* Oui, madame la comtesse.

LA COMTESSE, *se levant* (1). Paul, vous avez dix-huit ans; Henriette en a seize; et ce qui était, autrefois, un innocent badinage, deviendrait, désormais, une haute inconvenance!... Henriette entrera chez ma marchande de modes. J'ai parlé d'elle... tout est arrangé.

LE COMTE. Et, une fois à l'école de Saumur, mon cher neveu aura bien vite oublié sa folle inclination.

PAUL. Jamais!... jamais!...

LA COMTESSE. Oh! mon Dieu, les hommes, nous savons le cas qu'il faut faire de leurs serments.

LE COMTE. Est-ce pour moi que vous dites cela, madame la comtesse?... C'est qu'en ma qualité d'ancien diplomate...

(1) Le Comte, la Comtesse, Paul.

LA COMTESSE. Vous êtes trop prompt à vous alarmer... Je passe chez Henriette lui signifier notre volonté... Avant peu, elle aura quitté cette demeure. (*Elle entre à droite.*)

SCÈNE II.

PAUL, LE COMTE.

PAUL. Ah! mon oncle!... moi qui comptais sur vous pour me défendre...

LE COMTE. Voyons, Paul, calme-toi, Nous ne sommes plus que nous deux, l'affaire peut s'arranger.

PAUL. Mais il fallait parler devant ma tante... la faire revenir de sa décision.

LE COMTE. Si tu crois que c'est facile... avec l'orgueil et la ténacité de sa souche... C'est une Marcassat!..

PAUL. Eh! qu'importe?...

LE COMTE. Une Marcassat, songe donc!... D'autant mieux qu'elle a raison... c'est pénible à dire, mais elle a raison.

PAUL. Vous l'approuvez!...

LE COMTE. Oui, je l'approuve... Eh! n'y a-t-il donc pas d'autres femmes que Henriette?... Courtise-les, mort-Dieu!... D'ailleurs, neveu d'un attaché d'ambassade, tu dois te lancer dans les divinités de l'Opéra... C'est l'usage, tu le sais bien.

PAUL. Non, mon oncle, je ne sais pas.

LE COMTE. Comme on élève la jeunesse aujourd'hui!...

Air : *De sommeiller encor, ma chère.*

C'est une époque de lumière,
Et l'on prétend que, de nos jours,
Tout grandit, progresse, s'éclaire!...
Oh! non, Messieurs, non, pas toujours...
Sur un point de haute importance
Lorsque je l'interroge ici,
Il est vraiment d'une ignorance
Dont nous eussions jadis rougi!...

Bref, tu es jeune, aimable, joli cavalier, cela doit aller tout seul... Ah!... c'est-à-dire, as-tu de l'argent?

PAUL. De l'argent, pourquoi faire, mon oncle?

LE COMTE. Pourquoi faire?... il est délicieux!.. Tiens, voici quelques petits papiers qui ne nuiront pas à tes succès.

PAUL. Des billets de banque!...

LE COMTE, *à part.* Pourquoi faire?... Il est charmant!... (*Tirant sa montre.*) Neuf heures!... c'est le moment où je lis *le Moniteur* d'un bout à l'autre.

PAUL. Mais, mon oncle...

LE COMTE. Allons, au revoir, Paul; et rappelle-toi ce que je t'ai dit, que diable!... Ah! si j'étais à ta place... Sois à la hauteur des Rochebrune... sois scélérat!...

SCÈNE III.

PAUL, *puis* HENRIETTE.

PAUL. Que je me divertisse!... j'aurais plutôt envie de pleurer... Pleurer... moi... un futur officier de cavalerie... (*Apercevant Henriette.*) Henriette (1)!...

HENRIETTE. Paul!... (*Elle va pour s'éloigner.*)

PAUL, *la retenant.* Vous me fuyez, méchante?

HENRIETTE, *avec tristesse.* Paul, ne m'enlevez pas le peu de courage qui me reste... Madame la comtesse... (*Bruit au dehors.*)

PAUL. Quel est ce bruit?

HENRIETTE. On semble se quereller.

PAUL. Dans cet hôtel,... si paisible d'ordinaire... que signifie?...

ENSEMBLE, *dans la coulisse.*

Air nouveau de *M. Charles de Dufort.*

MAXIME.

Exécrable engeance
Sans nul honneur,
Au diable la créance!..
Et moins d'ardeur.

RECORS.

Allons donc! défense
Au débiteur
De nier la créance!..
Et moins d'ardeur.

SCÈNE IV.

LES MÊMES, MAXIME, *se précipitant sur la scène (2).*

MAXIME. Aurez-vous bientôt fini...

VOIX, *dans la coulisse.* Payez-nous... allons, payez!

MAXIME. Payer... payer... cela vous est bien facile à dire... Encore si vous me laissiez le temps de faire un appel à la bourse de mes amis.

PAUL, *allant vers Maxime.* Mais, Monsieur, que signifie?...

MAXIME. Ah!... (*S'avançant vivement.*) Jeune homme, voulez-vous être l'ami du lieutenant Maxime Grandier?

PAUL. Volontiers, lieutenant.

MAXIME. Alors, prêtez-moi trois mille francs.

PAUL. Avec plaisir... mais encore, faudrait-il pouvoir... (*Réfléchissant.*) Ah!... vous êtes militaire... (*A part, et fouillant à sa poche.*) Les billets de mon oncle auront, du moins, une bonne

1 Henriette, Paul.
2 Paul, Maxime, Henriette.

destination... (*Haut.*) Permettez qu'un camarade, car je suis de l'École de Saumur, vienne à votre secours.

MAXIME, *prenant les billets.* A la bonne heure, voilà un homme!... (*Allant au fond, et jetant la somme aux recors, qui tendent, en échange, un dossier.*) Tenez, vous autres... arabes!.. bédouins!.. (*Redescendant la scène.*) Ah çà! ce n'est pas le tout: je vais vous faire mon billet, et quand je serai en fonds...

PAUL. Lieutenant, vous pouvez vous acquitter envers moi tout de suite.

MAXIME. Que faut-il faire?... parlez.

PAUL. Emmenez-moi en Afrique.

HENRIETTE. Par exemple!...

PAUL. C'est un beau pays.

MAXIME. Il en est un plus beau encore: Paris!... Paris, ville de délices, d'enchantements, à laquelle on rêve sans cesse quand on l'a quittée!... Tel que vous me voyez, je n'ai pas toujours eu ce parler sans façon, ces formes heurtées, ces traits brunis, hâlés par le soleil de la Numidie... Il y a quelques années, j'étais l'un des héros du *Café de Paris*... J'avais alors vingt-cinq ans et trente mille livres de rente... J'étais renommé pour les agréments de ma figure, l'élégance de ma taille, les charmes de mon esprit... On citait le luxe de mes écuries et le nombre de mes maîtresses... La belle, la joyeuse vie!... Mais, hélas! à force de l'illustrer de jolies femmes, de courses de chevaux, de petits soupers et de parties de lansquenet, je me réveillai un beau matin avec le même nombre d'années... même plus, mais avec infiniment moins de rentes.

PAUL. Vous étiez ruiné?

MAXIME. Razzia complète... Plus rien, qu'une nuée de ces affreux moustiques appelés créanciers; si bien, qu'un autre matin il fallut aller saluer les naturels de l'Afrique... Arabes pour arabes, j'aime mieux ceux-là... On peut les rosser, du moins!

PAUL. J'envie votre sort, vous vous êtes battu!...

MAXIME. Mais oui, assez souvent; et, là-bas comme ici, j'ai toujours donné plus que je n'ai reçu.

HENRIETTE. Vous n'avez jamais été blessé?

MAXIME. Une seule fois, mais d'importance... Vous me rappelez là un souvenir!... Pauvre Gazella!... je lui dois la vie.

PAUL. Gazella... une femme?

MAXIME. Non, ma jument.

PAUL. Contez-nous donc ça.

MAXIME. C'était à la prise de la Smala... Lancé trop en avant, je me voyais entouré d'un gros de cavalerie ennemie... Déjà le sang coulait de ma poitrine, et plusieurs coups de feu avaient déchiré les flancs de ma monture, qui fléchissait sous la souffrance... Une fois à terre, j'étais perdu... lorsqu'à un cri jeté par moi, le noble ani-

mal se relève avec fierté, part avec la rapidité d'une flèche, et me transporte vers mes camarades, les spahis, qui accouraient bride abattue.

HENRIETTE, *vivement.* Les spahis!...

MAXIME. C'était un dernier effort, un dernier acte de dévouement, car la pauvre Gazella expira aussitôt, en tournant vers moi son œil éteint, comme pour me dire adieu... Moi, je pleurais, oui, je pleurais comme un enfant... et, tout entier à la perte que je venais de faire, je n'apercevais pas, dans la mêlée, le bras d'un grand diable de cavalier rouge qui s'apprêtait à me pourfendre d'un coup de yatagan... Par bonheur, un autre bras vint à mon aide, et me sauva d'une mort imminente, celui du maréchal des logis Lucien Duval.

HENRIETTE. Mon frère!...

MAXIME. Votre frère!... (*Il l'embrasse vivement.*)

HENRIETTE, *toute confuse.* Ah! Monsieur...

PAUL. Permettez, lieutenant; une telle liberté...

MAXIME. C'est une dette que j'acquitte, et, pour celles-là, je suis toujours en fonds... Oui, j'ai promis au petit maréchal des logis que, si le hasard me faisait rencontrer sa sœur, je l'embrasserais pour lui... Je crois même qu'il m'a chargé de deux baisers.

PAUL. Lieutenant, finissez donc votre histoire.

MAXIME. Mon Dieu, vous savez tout... Pour le moment, on ne se bat pas, ou peu; et nous nous ennuyons à périr... C'est alors que les souvenirs de Paris reprennent le dessus... On en parle jour et nuit...

Air d'Une Fille d'Ève.

Ayant mené trop plantureuse vie,
Plus d'un dandy comme moi s'éclipsa;
Si bien qu'en somme, on est en Algérie
Pas mal de Gand, pas mal de l'Opéra.
L'esprit tient bon, la démarche est agile,
Et le passé se rappelle en riant;
Bref, c'est Paris, oui, c'est la grande ville,
Moins le plaisir, hélas! et moins l'argent...
Bref, c'est Paris, oui, c'est la grande ville,
Moins le plaisir, et, surtout, moins l'argent!

On s'exalte, on se monte la tête les uns les autres... Je dépérissais à vue d'œil... Mes chefs m'ont accordé un congé de convalescence, et je suis parti sur-le-champ... J'avais hâte de revoir les petits cabinets de la *Maison-d'Or* et d'entendre l'orchestre de Musard... Musard le Grand!... Mais, à peine de retour, une ancienne dette allait me faire perdre ma liberté, quand vous êtes venu à mon aide avec un entraînement, une cordialité que je n'oublierai de ma vie.

PAUL. Ne parlons plus de ça, lieutenant.

MAXIME. Si fait, parlons-en... Vous ne me connaissiez pas... et quand même vous m'eussiez connu... Savez-vous ce que le lieutenant Maxime

Grandier possède en ce monde?... Sa solde, et... ceci.

HENRIETTE. Une tresse.

MAXIME. Faite avec la crinière de Gazella... Pour me séparer d'elle, il faudrait je ne sais quoi... Mais c'est assez parler de moi; parlons de vous, mes amis... vous m'avez permis de vous donner ce titre?

PAUL ET HENRIETTE. Oh! de tout cœur.

MAXIME, *à Paul*. Et, pour commencer par vous, savez-vous que vous m'étonnez... Comment, vous êtes jeune, vous avez de l'argent, et vous voulez quitter Paris!...

PAUL. Un désespoir amoureux...

MAXIME. J'en ai eu terriblement dans ma vie, mais ils n'allaient pas jusque-là. (*Se tournant vers Henriette.*) Ne rougissez pas, ma jolie demoiselle... je me doutais déjà de la chose, et je me doute encore que les obstacles ne viennent pas de vous.

HENRIETTE. Oh! non.

PAUL. Mais de mes nobles parents, le comte et la comtesse de Rochebrune, qui trouvent cette alliance disproportionnée.

MAXIME. Ah! oui, je devine... Toujours la même histoire. (*Tranquillement.*) J'arrangerai cela.

PAUL, *avec joie.* Vous avez donc du pouvoir sur mon oncle?

MAXIME. Je ne le connais pas.

HENRIETTE. Sur madame la comtesse?

MAXIME. Pas davantage... Mais, Henriette, j'ai promis deux choses à votre frère en le quittant : la première, de vous embrasser...

PAUL, *vivement.* C'est fait!

MAXIME. Ah! oui... c'est fait. La seconde de contribuer à assurer votre bonheur... ça se fera.

HENRIETTE. Ah! vous êtes un excellent homme!...

Air nouveau de *M. Charles de Dufort.*

Douce puissance
De l'espérance!
Lorsque tout, ce matin,
Était douleur, chagrin,
Une voix amie
Vient, nous fortifie;
La peine disparaît,
Près de vous on renaît!

ENSEMBLE.

HENRIETTE ET PAUL.
Douce puissance, etc.

MAXIME.
Douce puissance
De l'espérance!
Lorsque tout, ce matin,
Était douleur, chagrin.

Ma voix amie
Vient, vous fortifie;
La peine disparaît,
Près de moi l'on renaît!

PAUL. Mes parents!... (*Henriette sort vivement par la droite.*)

SCÈNE V.

MAXIME, PAUL, LA COMTESSE, LE COMTE.

LA COMTESSE, *paraissant au fond.* Comment, monsieur le comte, depuis une heure que ce scandale a eu lieu, vous ne bougez pas!

LE COMTE, *tenant un journal.* J'étais absorbé par la lecture du *Moniteur*...

LA COMTESSE. Eh! votre *Moniteur*!... (*Descendant la scène.*) Ah!... voici cet homme.

LE COMTE. Comtesse, de la prudence... Sa mine ne me revient pas... figure de soudard...

MAXIME, *à Paul.* Présentez-moi.

PAUL, *troublé.* Oui... certainement...

MAXIME. Allons, ferme.

PAUL, *avec embarras.* Ma tante, j'ai l'honneur de vous présenter...

MAXIME, *à mi-voix, à Paul.* Mon ami...

PAUL. Mon ami...

MAXIME, *de même.* Maxime Grandier...

PAUL. Maxime Grandier...

MAXIME, *de même.* Lieutenant aux spahis d'Oran.

PAUL. Lieutenant aux spahis d'Oran.

LE COMTE, *à la comtesse.* Hum! un spahi...

LA COMTESSE. Ce sont tous mauvais sujets!

MAXIME, *saluant.* Madame la comtesse... monsieur le comte...

LA COMTESSE, *à Paul.* Monsieur est depuis longtemps votre ami?

PAUL, *que Maxime encourage.* Oh! oui, ma tante... depuis ce matin.

LA COMTESSE. Ah!... (*Elle fait signe au comte de parler.*)

LE COMTE. L'entrée de Monsieur a eu lieu sous des auspices assez... assez....

LA COMTESSE. Bizarres.

MAXIME. C'est vrai, Madame; mais je n'avais pas la liberté du choix.... Je vous fais mille excuses de mon apparition un peu brusque peut-être.

LA COMTESSE. Il y a un moyen bien simple de vous la faire pardonner. (*A mi-voix, à son mari.*) Monsieur le comte, voici le moment de vous montrer.

LE COMTE, *à mi-voix.* Vous croyez?... très-bien (1)!... (*Haut.*) Oh! mon Dieu, oui, il est un

____
1 Paul, Maxime, le Comte, la Comtesse.

moyen bien simple... bien facile... c'est... c'est...

LA COMTESSE, *impatientée*. C'est de rendre à cet hôtel, par une retraite dictée par les convenances, le calme auquel il est habitué.

LE COMTE. Auquel il est habitué.

MAXIME. Fort bien, Madame, je comprends ; et je m'empresserai d'obéir à votre gracieuse invitation...

HENRIETTE, *que l'on a vue reparaître par le fond et qui se tient à la porte de gauche* (1). Comment, il s'en irait ainsi !...

MAXIME. Mais, auparavant, permettez-moi d'essayer, avec une franchise toute militaire, quelques mots en faveur de deux pauvres jeunes gens qui m'ont confié leurs peines.

LA COMTESSE. Comte, votre main...

MAXIME. Non, Madame; vous m'écouterez quand vous saurez que je suis l'ami du frère de Henriette.

LA COMTESSE, *dédaigneusement*. Ah !...

MAXIME. Par son courage, par ses antécédents, Lucien est en belle position d'avancer... Il est déjà maréchal...

LE COMTE, *émerveillé et revenant sur ses pas*. Maréchal !...

MAXIME. Des logis.

LE COMTE, *avec dédain*. Ah !... Venez, comtesse.

MAXIME. Un dernier mot...

LA COMTESSE (2). Monsieur, il est certaines plaisanteries peut-être très-piquantes en Afrique, mais fort déplacées en France... Celle-ci est du nombre.

LE COMTE. Mon neveu et pupille, suivez-nous.

MAXIME, *à Paul*. Demeurez.

ENSEMBLE.

Air nouveau de *M. Charles de Dufort*.

LE COMTE, LA COMTESSE.
C'est déjà trop d'embarras !
Partez, Monsieur, sans fracas ;
Ici, tout vous fait la loi
  D'apaiser notre émoi.
  Le calme du logis
  A nos yeux a du prix ;
Et nous avons en horreur
Tout ce qui sent le querelleur.

MAXIME, PAUL, HENRIETTE.
Pourquoi parler d'embarras,
D'ici partir sans fracas ?..
Lorsque tout $\genfrac{}{}{0pt}{}{me}{vous}$ fait la loi
D'apaiser $\genfrac{}{}{0pt}{}{leur}{notre}$ émoi,
Restons $\genfrac{}{}{0pt}{}{}{}$
Restez en ce logis ;
Il le faut à tout prix ;
Ne dois-je pas de leur cœur,

Vous devez de notre cœur,
Assurer enfin le bonheur.
Assurer enfin le bonheur.
(*Paul a l'air de suivre ses parents, puis il revient près de Maxime.*)

SCÈNE VI.

HENRIETTE, MAXIME, PAUL.

HENRIETTE. Tout est perdu !

PAUL. Je connais mes parents, ils ne reviendront pas sur leur décision... Vous ne leur avez pas plu.

MAXIME. Ils sont bien difficiles ; mais un spahi ne recule pas aisément. Ce mariage aura lieu, je le jure !

HENRIETTE. Comment parviendrez-vous ?...

MAXIME. Je n'en sais rien encore ; mais c'est égal, cela doit être... cela sera... (*A part.*) Si j'avais seulement quelques détails. (*Haut, à Paul, et tirant son agenda.*) Votre oncle m'a l'air d'un vieux brave ?...

PAUL, *naïvement*. C'est un ancien diplomate.

MAXIME, *écrivant*. Diplomate.

PAUL. Il a rempli plusieurs missions en Espagne.

MAXIME, *de même*. En Espagne... très-bien !

LE COMTE, *appelant, à gauche, du dehors*. Paul !

PAUL. Me voici, mon oncle.

LE COMTE, *élevant la voix*. Paul !

PAUL. Voilà ! voilà !... (*Il sort précipitamment.*)

MAXIME, *contrarié*. Diable !... Passons. (*A Henriette.*) La comtesse paraît fière... orgueilleuse ?...

HENRIETTE. Dame ! quand on descend des Marcassat...

MAXIME. Oh ! alors, on doit mener tout dans l'hôtel.

HENRIETTE. Certainement.

MAXIME. A commencer par son mari... j'ai vu ça... Et d'une vertu !...

HENRIETTE. On en parle beaucoup.

MAXIME. Et son mari y croit ?...

HENRIETTE. Comme à son habileté en diplomation.

MAXIME. C'est pour lui un article de foi.

HENRIETTE, *avec mystère*. Cependant, j'ai entendu dire qu'aux eaux du mont Dore...

MAXIME, *écrivant sur son agenda*. Aux eaux du mont Dore... ah ! ah !...

HENRIETTE. Où elle va régulièrement tous les ans...

MAXIME. Avec ou sans le comte ?

HENRIETTE. Sans, généralement.

MAXIME, *à part*. Je comprends. (*A Henriette.*) Vous dites donc qu'aux eaux ?...

LA COMTESSE, *appelant, à droite, du dehors*. Henriette !

HENRIETTE. Me voici, madame la comtesse.

___
1 Henriette, Paul, Maxime, le Comte, la Comtesse.
2 Henriette, Paul, Maxime, la Comtesse, le Comte.

MAXIME. Encore un mot, mon enfant.

LA COMTESSE, *avec impétuosité*. Henriette !

HENRIETTE, *sortant vivement*. Voilà, madame la comtesse, voilà !

SCÈNE VII.

MAXIME, *puis* UN DOMESTIQUE.

MAXIME, *seul*. Ah ! çà, mais, me voilà joli garçon ! On dit qu'il ne faut qu'une ligne pour faire pendre un homme... j'en ai plusieurs... lignes... il ne s'agit que d'un mariage, et, ma foi, j'en doute... j'en doute beaucoup, moi, qui d'ordinaire...

LE DOMESTIQUE, *présentant à Maxime son képi qu'il a déposé, en entrant, sur la console* (1). Monsieur...

MAXIME. Merci bien, j'ai déjà trop chaud... et une faim !... Tiens ! une idée (2)... (*Écrivant sur son carnet.*) « Mon cher Paul, veuillez bien don- « ner des ordres pour mon déjeuner ; en même « temps, vous me donnerez des inspirations. »

LE DOMESTIQUE, *se récriant*. A déjeuner !... (*Présentant le képi.*) Monsieur...

MAXIME, *le repoussant et continuant d'écrire*. « Entre la poire et le fromage, j'en viendrai à « mon honneur.

LE DOMESTIQUE. La poire et le fromage !... (*Présentant le képi.*) Monsieur...

MAXIME, *sans l'écouter et déchirant le feuillet de son agenda*. Pour M. Paul.

LE DOMESTIQUE. Oui, monsieur, oui, j'entends bien... Mais le déjeuner... madame la comtesse... je ne sais vraiment pas comment elle le prendra.

MAXIME. Elle le prendra très-bien... et moi aussi (3). Qu'on commence toujours... (*Le rappelant.*) Ah ! dites à monsieur le comte que le lieutenant Maxime Grandier le prie de vouloir bien lui accorder un moment d'entretien... pour affaire particulière.

LE DOMESTIQUE. Pour affaire...

MAXIME. Particulière. (*Le poussant.*) Allez !

SCÈNE VIII.

MAXIME, *seul*. Allons, allons, ne nous laissons pas démonter... O hasard ! toi qui m'as si souvent tiré des plus grands dangers... encore aujourd'hui... je t'invoque !... Jamais tu n'auras secondé une action meilleure et plus honorable... Je vois d'ici le bonheur de ces pauvres jeunes gens, si bons, si aimables !...

1 Le Domestique, Maxime.

2 Maxime, le Domestique.

3 Le Domestique, Maxime.

Air : *Il me faudra bientôt quitter l'empire.*

> Et Lucien, à qui je dois la vie,
> Bien loin de nous me tend aussi la main,
> En me disant d'une voix attendrie :
> Mon lieutenant, le superbe dessein !...
> Ah ! de moitié je serai dans le gain !..
> Au souvenir de nos jours de victoire,
> Remplacez-moi comme appui de ma sœur,
> Oui, devenez son guide, son sauveur;
> Ici, souvent, nous partageons la gloire;
> Là-bas, encor, partagez mon bonheur!...

Le comte !... Allons, comme en Afrique, ouvrons le feu.

SCÈNE IX.

LE COMTE, LE DOMESTIQUE, *au fond*, MAXIME.

LE DOMESTIQUE. Oui, monsieur le comte, il désire vous communiquer...

LE COMTE. Voilà une ténacité rare, et si ce n'était la crainte d'un éclat dans l'hôtel, mes gens...

MAXIME. Vos gens sont ici de trop, monsieur le comte... Je n'ai pas d'ordres à donner chez vous; mais, à votre place, je leur dirais de se retirer.

LE COMTE. C'est curieux...

MAXIME. Les domestiques?... toujours! (*Au valet.*) Allons, sortez !

LE DOMESTIQUE. Faut-il, monsieur le comte?

LE COMTE, *à part*. Ce diable d'homme a des manières qui... (*Il fait signe au valet de se retirer.*)

SCÈNE X.

LE COMTE, MAXIME.

LE COMTE. Nous voilà seuls, Monsieur, que me voulez-vous?

MAXIME, *avec solennité*. Monsieur le comte !...

LE COMTE. Monsieur !...

MAXIME, *de même*. Je sais tout, et je ne sais rien !...

LE COMTE. Vous ne savez rien? (*Voulant se retirer.*) En ce cas...

MAXIME. Arrêtez !... (*Consultant ses tablettes.*) L'Espagne est un bien beau pays, monsieur le comte.

LE COMTE. Sans doute; mais je ne pense pas que vous m'ayiez fait appeler pour me donner une leçon de géographie.

MAXIME. Le ciel le plus pur, le soleil le plus radieux !...

LE COMTE. Je vois que nous passons à l'astronomie.

MAXIME. Tout le monde se rappelle les talents que vous y déployâtes lors de vos diverses missions.

LE COMTE. J'en ai rempli dix-sept, Monsieur!... En Autriche, en Hollande, en Laponie...

MAXIME, *à part*. Il détourne l'Espagne... (*Haut et vivement.*) Ne sortons pas de la Péninsule... de la Péninsule où vous avez laissé des souvenirs que rien ne saurait effacer, car... (*Interrogeant le comte du regard.*) les femmes... monsieur le comte...

LE COMTE, *souriant avec complaisance*. Eh! eh! les femmes...

MAXIME, *à part*. Voilà le joint. (*Haut.*) Les femmes, monsieur le comte, n'ont rien oublié... ni l'élégance de votre démarche...

LE COMTE. Lieutenant...

MAXIME. Ni la noblesse de votre figure... ni... rien enfin.

LE COMTE. Silence!... chut!...

MAXIME, *à part*. Décidément je lui emboîte le pas. (*Haut.*) Quelles femmes, monsieur le comte!...

LE COMTE. A qui le dites-vous, mon cher lieutenant?

MAXIME. Avec elles tout le bonheur qu'on peut espérer sur terre...

LE COMTE. Tous les enivrements!...

MAXIME. Et cela, depuis la fille du peuple jusqu'à la grande dame.

LE COMTE. Depuis la duchesse...

MAXIME. Jusqu'à la danseuse...

LE COMTE, *vivement*. Hein?... que parlez-vous de danseuse?

MAXIME, *à part*. Ah! ah! (*Haut.*) Allons, voyons, monsieur le comte, ne restez pas en chemin... On sait bien que le corps diplomatique et le corps des ballets ont toujours eu un penchant prononcé l'un pour l'autre... Laissez-vous aller à une bonne impulsion... On aime à se rappeler ces choses-là... ça fait du bien... ça rajeunit.

LE COMTE, *avec entraînement*. C'est vrai... J'étais alors attaché d'ambassade.

MAXIME. Ah! oui... mais fort détaché des mots pompeux de fidélité, de constance...

LE COMTE. Avant, bien entendu, que j'épousasse la comtesse.

MAXIME. Sans doute... car depuis ce temps...

LE COMTE. J'ai été le modèle des époux.

MAXIME. Bien vrai?

LE COMTE. Foi de diplomate!... Je me rappelle surtout ma seconde... (*Se reprenant.*) non, ma première mission... Ces Castillanes sont si agaçantes!... si délirantes!...

MAXIME. Nous en sommes déjà convenus en général... précisons un peu... hein?... Il y avait donc, entre autres, une certaine danseuse du théâtre...

LE COMTE. De Madrid... Rosita!

MAXIME, *à part*. Ah! bon, c'est Rosita.

LE COMTE. La délicieuse créature!... et qui m'aimait!... ah!...

MAXIME. Ah!... comme une danseuse sait aimer... quand elle s'y met.

LE COMTE. Excellente fille qui n'avait rien à elle... Elle m'avait même promis une tresse de ses cheveux d'ébène.

MAXIME. D'ébène?

LE COMTE. Mais j'eus tant de succès dans ma mission, que le gouvernement me rappela tout à coup. Je fus forcé de partir...

MAXIME. Sans emporter la susdite mèche?

LE COMTE, *soupirant*. Sans emporter...

MAXIME. Monsieur le comte, j'ai votre affaire. (*Il tire de sa poche la tresse de Gazella.*)

LE COMTE, *avec transport*. Hein!... qu'est-ce que c'est que ça?... Lieutenant, lieutenant, je n'en puis plus douter, vous êtes un messager de bonheur... Oh! laissez-moi... laissez-moi...

MAXIME. Regardez, mais ne touchez pas!

ENSEMBLE.

Air nouveau de *M. Charles de Dufort*.

LE COMTE.

Lieutenant,
A l'instant
Délivrez-moi ce talisman;
Don flatteur,
Enchanteur,
Il est l'espoir de mon cœur!...

MAXIME.

Un instant,
C'est prudent,
Je garde le talisman;
Don flatteur,
Enchanteur,
C'est l'espoir de votre cœur!...

LE COMTE.

Oui, de Rosita la belle
Ce sont bien là les cheveux.

MAXIME.

Quel honneur pour ma Gazelle!

LE COMTE.

Qu'ils sont fins, qu'ils sont soyeux!
Moins beaux pourtant que sa tête,
Dieu, quels traits!... quel souvenir!...

MAXIME.

A sa voix la pauvre bête
Aurait henni de plaisir!...

REPRISE.

LE COMTE.

Lieutenant, etc.

MAXIME.

Un instant, etc. (1).

LE COMTE, *dans l'enthousiasme*. A leur aspect tout le passé se réveille... Je la vois encore danser... Quels pieds!... quels jarrets!...

1 Maxime, le Comte.

MAXIME. C'est vrai... elle galopait dans la perfection.

LE COMTE. Le galop... le boléro, le fandango... tout ce qu'on voulait... La vitesse de l'oiseau!... la légèreté du papillon!...Une véritable gazelle du désert.

MAXIME. J'allais précisément vous le dire.

LE COMTE. Une taille svelte, cambrée!... elle aurait tenu dans mes dix doigts.

MAXIME. Oui, dix bons doigts.

LE COMTE. Enfin, une Andalouse....

MAXIME. Pur sang... Ah! je vois que vous l'avez parfaitement connue!...

LE COMTE. Parfaitement... C'était sous l'Empire.

MAXIME. Oh! sous la Restauration... Gazella... Rosita ne galopait pas sous l'Empire.

LE COMTE. Oui, mais j'étais marié alors.

MAXIME Qu'est-ce que cela fait?

LE COMTE. Apprenez, Monsieur, que j'ai été aussi fidèle mari qu'excellent diplomate!...

MAXIME. Nous sommes parfaitement d'accord.

LE COMTE. Allons, lieutenant, donnez-moi ce qui m'appartient.

MAXIME, à part, et combattu. Me séparer de cette tresse!... pourtant, si ce sacrifice...

LE COMTE. Vous hésitez?...

MAXIME. Non... mais don pour don!... Consentez au mariage de Paul et de Henriette.

LE COMTE. Ah! de quoi venez-vous m'entretenir...

MAXIME. C'est assez bizarre, mais mon silence est à ce prix.

LE COMTE. Quoi! vous oseriez dire à la comtesse?

MAXIME, montrant la tresse. Tout.

LE COMTE. Soit!...

MAXIME, faisant quelques pas. Alors, venez.

LE COMTE. Arrêtez... Sa santé est si délicate... Laissez-moi, au moins, le temps de la préparer.

MAXIME. C'est trop juste.

LE COMTE. Je vais réfléchir dans mon cabinet (1).

MAXIME. Ah!... avant de réfléchir, seriez-vous assez bon pour faire hâter mon déjeuner...

LE COMTE, étonné. Votre déjeuner!...

MAXIME, agitant la tresse. Oui, il n'y a plus que le coup d'œil du maître à donner.

LE COMTE. Je le donnerai, lieutenant, je le donnerai!

ENSEMBLE.

Air de *Gastibelza*.

LE COMTE.
Vous êtes sous mon toit,
Que la gêne soit bannie ;
Pas de cérémonie ;
Entre nous cela se doit.

MAXIME.
Je suis sous votre toit,
La gêne sera bannie ;

(1) Le Comte, Maxime.

Pas de cérémonie ;
Entre nous cela se doit.

(*Le comte sort en jetant des regards passionnés sur la tresse, que Maxime tient à distance et agite toujours.*)

SCÈNE XI.

MAXIME, *seul*. Quel vieux brûlot!... Je suis solidement établi dans la place, et voici qui le prouve. (*Un domestique entre, portant une table abondamment servie.*) Posez cela. (*S'asseyant.*) Comme le comte, j'ai besoin de méditer. (*Se versant à boire.*) Méditons.

SCÈNE XII.

PAUL, MAXIME, HENRIETTE.

PAUL, *se montrant sur le côté, à gauche.* Eh bien, lieutenant?

HENRIETTE, *de même, à droite.* Eh bien, monsieur Maxime?

PAUL. Comment cela va-t-il?

MAXIME, *buvant.* Très-bien.

TOUS DEUX, *s'approchant de lui.* Ah! tant mieux.

MAXIME, *mangeant vivement.* Oui, oui, parfaitement... comme vous voyez.

PAUL. Mais notre mariage?

MAXIME. Il va parfaitement aussi... nous avons la première manche.

PAUL. Mon oncle...

MAXIME. C'est le meilleur homme du monde.

HENRIETTE. Oui... et madame la comtesse?

MAXIME. Madame la comtesse sera la meilleure femme du monde... Nous ferons des deux époux le meilleur couple du monde.

HENRIETTE.
Air nouveau de *M. Charles de Dufort.*
C'est de la magie!
PAUL.
C'est de la féerie!
MAXIME.
Eh! non, enfants,
Ce n'est que du bon sens.
PAUL.
Votre modestie
En vain se récrie.
HENRIETTE.
Faire ainsi le bien!
Vous êtes magicien!...

ENSEMBLE.

PAUL ET HENRIETTE.
C'est de la magie!
C'est de la féerie!
Oui, je le sens,
C'est plus que du bon sens.
Votre modestie, etc.

MAXIME, *gaiement.*
Non, pas de magie,
Non, pas de féerie,
Non, non, enfants,
Ce n'est que du bon sens.
Quoi? ma modestie
En vain se récrie,
Pour un peu de bien;
Soit, je suis magicien!...

MAXIME. Mais on ferait des prodiges pour de bons petits jeunes gens comme vous... Vous vous aimez tant!...

PAUL ET HENRIETTE. Oh! de tout notre cœur.

MAXIME. Vous n'avez pas besoin de me le dire, je le vois bien à la manière dont je suis servi; et je vous remercie d'avoir si bien fait les choses.

HENRIETTE. Oh! presque rien... un perdreau truffé.

PAUL. Du champagne frappé.

MAXIME, *se versant à boire.* Une bonne idée que vous avez eue là... Il m'inspirera... (*Le domestique reparaît portant un pâté.*) Mais vous oubliez cet énorme pâté.

PAUL. Ce n'est pas moi qui l'ai commandé.

HENRIETTE. Ni moi.

MAXIME. C'est le comte, en ce cas... (*A part.*) Oh! si celui-là n'aime plus, il faut qu'il ait terriblement peur.

Ensemble.
{
HENRIETTE.
La comtesse!... (*Elle s'enfuit.*)
PAUL.
Ma tante! (*Il s'enfuit également.*)
}

MAXIME, *demeurant tranquillement à table.* Jamais le perdreau que je dépèce n'a couru aussi vite que les deux tourtereaux qui viennent de s'envoler.

SCÈNE XIII.

MAXIME, LA COMTESSE.

LA COMTESSE, *arrivant vivement et s'arrêtant au seuil de la pièce.* A table!... quel scandale!...

MAXIME, *jetant un coup d'œil de côté.* La voici... (*Se versant tranquillement à boire.*) Ce champagne est parfait... Ah! si nous en avions de pareil à Alger...

LA COMTESSE, *le contemplant.* Il semble vraiment être chez lui!

MAXIME, *achevant de vider la bouteille.* Il n'y en a plus, c'est dommage, car il me donne une foule d'idées... (*Après avoir bu.*) D'idées couleur de rose.

LA COMTESSE. Ah! je vais... (*Descendant la scène comme pour aller à Maxime.*) Monsieur...

MAXIME, *se levant et avec galanterie.* Comment, Madame, vous étiez là, oh! mille pardons!... (*Chancelant un peu.*) J'allais avoir l'honneur de passer chez vous. (*Le domestique reparaît et enlève la table.*)

LA COMTESSE. Chez moi?... ah! oui, vous croyez que, comme monsieur le comte, je vous aurais accordé un entretien... Vous avez causé bien longtemps avec monsieur le comte.

MAXIME. Mais, oui, Madame, un peu. (*A part, et regardant la comtesse.*) C'est qu'elle est encore fort bien, et si nous étions en Afrique... (*Haut.*) Comment une aussi jolie femme peut-elle être aussi cruelle?...

LA COMTESSE. Encore ce mariage insensé... extravagant!...

MAXIME. Mon Dieu, Madame, ce sont les meilleurs.

LA COMTESSE. Ce n'est pas ainsi que j'épousai M. de Rochebrune.

MAXIME. Aussi, madame la comtesse, ne seriez-vous pas tentée de recommencer. (*Geste de la comtesse.*) Vous avez trop d'esprit pour ça... Ah! vous avez dû bien souffrir!...

LA COMTESSE. Monsieur... un pareil langage...

MAXIME, *à part, l'examinant.* Il y a bien de la fierté sur ce front, mais quelque chose me dit que l'amour a passé par là. (*Haut.*) Vous ne voulez pas que l'on vous plaigne, Madame.

LA COMTESSE. Mais non, Monsieur, bien certainement.

MAXIME. En ce cas, je vous admire... Permettez que je tombe... (*Il fait le simulacre de tomber à ses pieds.*)

LA COMTESSE. Relevez-vous, je vous en prie... (*A part.*) Décidément le soleil de la colonie l'a rendu fou. (*Haut.*) Tenez, Monsieur, on voudrait en vain se fâcher avec vous, il faut prendre le parti de rire de tous vos discours.

MAXIME. Eh bien! oui, madame la comtesse, rions; soyons ensemble comme de bons, de véritables amis, car lorsque vous connaîtrez le service que je suis venu vous rendre...

LA COMTESSE. Vous!... me rendre un service... lequel?...

MAXIME. Un très-grand... très-important... (*A part.*) Je n'en sais rien encore, mais ça viendra.

LA COMTESSE. Un roman?...

Air de *Lauzun.*

Il est sans doute intéressant,
Mais si vous voulez qu'il me plaise...
Ah! permettez qu'en ce moment
Je l'écoute plus à mon aise...
(*Elle se dirige vers la causeuse*) (1).
Je crains beaucoup l'émotion
Qu'un roman presque toujours donne...
(*Elle s'assied.*)
Monsieur, de votre feuilleton
J'attends la première colonne.

1 La Comtesse, Maxime.

maxime, *à part.*
Je n'ai pas de mon feuilleton,
Hélas! la première colonne.

La tresse de Gazella m'a déjà été fort utile... Cherchons donc encore sur moi... (*Se fouillant.*) Rien... que ce dossier... des lettres de change... des lettres... Oh! quelle inspiration... (*Il va fermer avec solennité les portes. La comtesse se lève, tout étonnée, puis se rassied sur l'invitation de Maxime, qui reprend avec feu.*) Madame, sur la terre d'Afrique, éloignés de la patrie, nous n'avons qu'une consolation, celle de nous entretenir d'elle... qu'un bonheur, celui de penser aux personnes que nous y avons connues et aimées.

LA COMTESSE. Voilà un début qui n'est pas mal.

MAXIME. Vous êtes vraiment trop bonne... Oui, dans cette vie de privations, dans cet exil dont la gloire n'adoucit pas toujours l'amertume, on éprouve le besoin de se rappeler, de faire part à l'amitié de ses souvenirs de bonheur passé... C'est surtout le soir d'un combat et réunis sous la tente, que les confidences se succèdent en foule... Et comment en serait-il autrement?... l'air est de feu, mille étoiles brillent au ciel, et la brise arrive toute parfumée de vagues rêveries.

LA COMTESSE, *le raillant.* Prenez garde, Monsieur, le romancier devient poète.

MAXIME. Qu'importe, s'il reste toujours dans la vérité?... De nouveaux dangers se préparent pour le lendemain, nul n'est certain de sa vie, et la confiance va loin alors... bien loin, Madame!

LA COMTESSE, *qui parcourt un album.* C'est possible, Monsieur; mais tout ceci...

MAXIME, *à part, avec dépit.* Allons, il est dit qu'elle ne m'aidera pas... je suis cependant bien convaincu... (*Donnant un coup d'œil à ses tablettes.*) Et les eaux du mont Dore!... (*Haut.*) Remontons à quelques années d'ici.

LA COMTESSE. Votre roman est bien décousu, Monsieur.

MAXIME. Je compte beaucoup sur le dénoûment... A cette époque donc, un jeune officier de notre armée d'Afrique, blessé grièvement, obtint un congé pour venir se rétablir en France... Les médecins lui conseillèrent l'usage des eaux... des eaux du mont Dore...

LA COMTESSE, *se levant à demi.* Du mont Dore!... (*Se rasseyant, et froidement.*) Continuez, Monsieur.

MAXIME, *à part.* Elle a tressailli, allons donc!... (*Haut.*) Ces eaux sont renommées, comme vous le savez, pour les blessures; mais tandis que le jeune officier se rétablissait de celles faites par l'ennemi, une autre, beaucoup plus dangereuse, l'atteignait au cœur... il aimait, Madame.

LA COMTESSE. Oui, comme dans tous les romans.

MAXIME. Et il était aimé.

LA COMTESSE. Oh! cela va sans dire.

MAXIME. J'ai entendu bien des fois faire le portrait de cette personne, Madame; et il est présent à ma mémoire, comme si la confidence datait d'hier.

LA COMTESSE, *à part.* Comme il me regarde!...

MAXIME. Je la vois d'ici.

LA COMTESSE, *de même.* Ah! mon Dieu...

MAXIME, *ne la perdant pas de vue.* C'était une grande dame, une femme titrée, belle, gracieuse, spirituelle, et touchant à cette époque délicate de la vie où la jeunesse s'apprête à nous dire adieu pour toujours.

LA COMTESSE, *dont le malaise augmente.* Quel rapprochement!...

MAXIME. On se demande alors, en tremblant, si ces belles années qui achèvent d'expirer ont été bien remplies; et si le résultat de cet examen est de se trouver le cœur vide, l'esprit mécontent, on est bien malheureux, Madame.

LA COMTESSE, *involontairement.* Oh! oui...

MAXIME, *avec chaleur.* Qu'un homme se présente alors, le dévouement dans l'âme, de douces paroles aux lèvres, et il est sûr d'être bien accueilli... Ce fut le cas de mon ami: il était jeune, sensible, ardent; il avait le don de la persuasion, et... il persuada, Madame.

LA COMTESSE, *se levant vivement.* Alfred n'a jamais pu dire...

MAXIME, *triomphant.* Non, Alfred... (*A part.*) puisque Alfred il y a... (*Haut.*) n'a rien dit qui puisse vous compromettre.

LA COMTESSE, *avec joie* (1). Ah!...

MAXIME, *à part.* Je ne m'étais pas trompé. (*Haut, à la comtesse.*) Mais quelque pure que l'on soit, Madame, on est quelquefois imprudente!...

LA COMTESSE, *baissant les yeux.* Votre ami était faible, convalescent; je lui prêtais l'appui de mon bras.

MAXIME. Rôle dicté par la charité chrétienne!... Mais les jours où, la souffrance étant trop forte, Alfred ne pouvait sortir... inquiète, tourmentée sur sa santé... vous lui écriviez?...

LA COMTESSE. Oh! de petits billets sans conséquence.

MAXIME. Sans aucune conséquence... mais assez volumineux toutefois pour former la liasse que voici. (*Il montre le dossier de ses lettres de change.*)

LA COMTESSE. Mes lettres seraient en votre possession. . quelle imprudence!...

MAXIME. Rassurez-vous, Madame, je ne les ai pas lues... C'est un dépôt sacré qu'Alfred m'a chargé de vous remettre ou de détruire.

LA COMTESSE, *tendant la main.* Vous allez donc me le rendre.

MAXIME. Je préfère le détruire... (*A part.*) J'ai

1 Maxime, la Comtesse.

mes raisons pour ça. (*Haut.*) Mais, auparavant, une condition...

> *Air précédent.*
>
> Un mariage en un roman
> Fait toujours bien, je vous l'assure ;
> Et, vous savez, ce dénoûment,
> Seule, vous pouvez le conclure.
> Consentez à cette union...
> C'est tout ce que j'ambitionne ;
> Madame, de mon feuilleton
> A vous la dernière colonne.
> Oui, Madame, du feuilleton
> A vous la dernière colonne.

LA COMTESSE. Oh ! toujours !... Vous êtes impitoyable... Encore s'il n'y avait que moi... mais le comte !...

MAXIME. Si vous le voulez bien, vous arrangerez tout cela... Je vous laisse, madame la comtesse. (*Mouvement d'hésitation de celle-ci.*) J'ai une telle confiance dans votre habileté... (*Il va jeter les papiers au feu. Joie de la comtesse.*) C'est ainsi qu'en partant... (*Saluant.*) Mes adieux !...

SCÈNE XIV.

LA COMTESSE, *seule.* Cet homme est un démon !... et quelque irréprochable que l'on soit... le monde est si porté à prendre de simples apparences pour la réalité !... Mais comment faire revenir le comte ?... Ah ! si j'avais pu prévoir...

SCÈNE XV.

LA COMTESSE, LE COMTE.

LE COMTE, *la tresse de Gazella à la main.* Je la tiens, cette précieuse chevelure !... Il a eu confiance en moi... Elle embaume le patchouli !... (*Apercevant la comtesse et cachant vivement la tresse sous son habit.*) Mais comment aborder... Voilà deux heures que je me creuse l'esprit, je ne trouve rien... rien !...

LA COMTESSE, *l'apercevant.* Le comte !

LE COMTE. Comme elle a la figure soucieuse !... Le soudard aurait-il parlé ?... J'aimerais mieux une seconde ambassade en Laponie...

LA COMTESSE, *avec sollicitude.* Comte, vous m'inquiétez.

LE COMTE. Comment, chère comtesse ?...

LA COMTESSE. Oui, je vous trouve le visage fatigué... tourmenté.

LE COMTE, *vivement.* Mais non, mais non, je vous assure... je suis dans mon assiette ordinaire... Mais vous-même, je ne vous trouve pas les traits aussi resplendissants que de coutume.

LA COMTESSE, *vivement.* Vous vous trompez ; je ne me suis jamais mieux portée.

LE COMTE. Ah ! tant mieux ; je craignais que cet homme...

LA COMTESSE, *allant, avec une insouciance feinte, vers la cheminée.* Qui ça ?... Ce soldat... Ah ! fi donc !... pouvez vous bien m'en parler ?... il est d'une inconvenance !... (1).

LE COMTE. D'une effronterie !...

LA COMTESSE. Vouloir nous forcer à faire ce mariage...

LE COMTE. Allons donc !... (*Jetant un coup d'œil sur la tresse.*) Pourtant...

LA COMTESSE, *revenant vers lui.* Plaît-il, comte ?

LE COMTE. Oh ! non... non !... (*La comtesse reprend sa position. Nouveau coup d'œil du comte à la tresse.*) Pourtant... Ce diable d'homme, on a beau vouloir mépriser ses avis...

SCÈNE XVI.

LE COMTE, PAUL, LA COMTESSE, *près de la cheminée.*

PAUL, *accourant.* Mon oncle, mon oncle, le notaire est là !

LE COMTE. Le notaire !... Eh bien ! qu'est-ce qu'il veut ?

LA COMTESSE. Je ne l'ai pas demandé.

PAUL. Non, ma tante... (*Se tournant vers le comte.*) C'est mon oncle... mon bon petit oncle... (*Lui pressant les mains de satisfaction, et faisant tomber la tresse.*) Tiens ! la tresse de Gazella.

LE COMTE, *la ramassant.* Gazella ?... qu'est-ce que c'est que ça, Gazella ?

PAUL, *avec étourderie.* C'est la jument qui a sauvé la vie au lieutenant.

LE COMTE. Une jument !... Pouah ! (*Il jette avec indignation la tresse à terre.*) Et moi qui croyais... Ah ! pouah !...

LA COMTESSE, *toujours à la cheminée, et se retournant.* Qu'y a-t-il, monsieur le comte ?...

LE COMTE (2). Il y a, Madame, que nous sommes ici le jouet d'une odieuse plaisanterie de la part de cet homme.

LA COMTESSE. Vous croyez, monsieur le comte ?

LE COMTE. Comment ! si je le crois ? mais j'en suis sûr.

LA COMTESSE, *à part.* Quoi !... ces lettres... (*Retirant un papier de la cheminée.*) Que vois-je !... un papier timbré !...

LE COMTE. Mon neveu et pupille, ce n'est pas demain matin que vous partirez pour Saumur, c'est ce soir même !

1 Le Comte, la Comtesse.
2 Paul, Le Comte, la Comtesse.

SCÈNE XVII.

LES MÊMES, HENRIETTE, *puis* MAXIME.

HENRIETTE, *paraissant à droite.* Pour Saumur !...

LA COMTESSE. Henriette, vous ne demeurerez pas un instant de plus à l'hôtel !

MAXIME, *arrivant vivement par le fond* (1). Me voilà... je viens signer au contrat.

LE COMTE ET LA COMTESSE. Le contrat !...

LE COMTE, *à part, et remettant d'un air railleur la tresse à Maxime.* La mèche est éventée... (*Haut.*) Plus d'hymen (2)!

LA COMTESSE. Plus de fête !.. (*S'approchant discrètement de Maxime et lui remettant le papier.*) Ce petit papier, que la flamme a épargné, vous appartient, je crois?

HENRIETTE, *à Maxime* (3). Et le notaire?

MAXIME, *résolument.* Qu'il taille ses plumes !...

ENSEMBLE.

Air de *Lucie.*

LE COMTE, LA COMTESSE.

Assez de licence !...
Respectant rang, naissance,
Quittez après l'offense,
Sans façon,
Cette maison !

PAUL, HENRIETTE.

Ah ! plus d'espérance !...
Respectant rang, naissance,
Quittez après l'offense,
Sans façon,
Cette maison !

MAXIME.

Gardez l'espérance !
Laissons-là rang, naissance ;
Pourquoi parler d'offense ?
Sans façon,
Je tiendrai bon !

LA COMTESSE.

C'est notre vœu.

LE COMTE.

Monsieur, adieu !

HENRIETTE.

Espoir déçu !

PAUL.

Tout est perdu !

MAXIME.

Il faut, ami,
Foi de spahi !
Plus que jamais
Croire au succès.

REPRISE DE L'ENSEMBLE.

Assez de licence, etc.

(*Paul et Henriette sortent. Maxime les reconduit jusqu'au fond.*)

1 Paul, le Comte, Maxime, la Comtesse, Henriette.
2 Le Comte, Paul, Maxime, la Comtesse, Henriette.
3 Le Comte, Paul, Maxime, Henriette, la Comtesse.

SCÈNE XVIII.

LE COMTE, LA COMTESSE, *sur le devant du théâtre;* MAXIME, *au fond* (1).

LE COMTE. Le drôle a de l'esprit, mais il doit être bien penaud à l'heure qu'il est.

MAXIME, *à part.* Allons, il n'y a qu'une charge à fond de train qui puisse mettre le noble couple en déroute. (*Allant vivement au comte.*) Monsieur le comte, vos commissions pour le mont Dore.

LA COMTESSE, *à part, et tressaillant.* Le mont Dore !...

MAXIME. Madame la comtesse, veuillez m'honorer des vôtres pour l'Espagne.

LE COMTE, *de même.* L'Espagne !...

MAXIME. Vous connaissez sans doute le mont Dore, monsieur le comte?

LE COMTE. Mais non, je n'y suis jamais allé... Où diable va-t-il me parler...

MAXIME. Ah! tant pis... un pays pittoresque... délicieux... Et l'Espagne donc !... Madame la comtesse y a fait, je crois, de nombreux voyages?

LA COMTESSE, *sèchement.* Pas un seul, Monsieur.

MAXIME. Ah! tant pis encore... (*Au comte.*) Des ombrages admirables, où il est si doux de s'égarer !... (*A la comtesse.*) Des danseuses...

LA COMTESSE. Eh! Monsieur, que m'importent vos danseuses?...

MAXIME. Monsieur le comte ne pense pas comme vous.

LE COMTE, *toussant.* Hum !... hum !...

LA COMTESSE. Comment savez-vous?...

LE COMTE, *vivement.* Il ne sait rien, comtesse, il ne sait absolument rien.

MAXIME, *au comte.* Pardon, monsieur le comte, je sais... je sais tout ce que vous m'avez dit.

LE COMTE, *à part.* Maladroit !...

MAXIME. Ah! monsieur le comte, quels succès vous auriez au mont Dore... surtout si vous aviez l'avantage de posséder une bonne blessure... et si vous vous nommiez Alfred... Vous nommez-vous Alfred?

LE COMTE. Eh non ! je me nomme Polycarpe... (*Il va s'asseoir avec humeur sur la causeuse.*)

MAXIME. Chaque soir une promenade à deux... Chaque matin, au réveil, un billet plein de tendresse... de sentiment... (*Se tournant vers la comtesse et cherchant dans ses poches.*) Je dois encore avoir...

LA COMTESSE, *souriant.* De mon écriture?...

MAXIME, *à la comtesse.* Non... mais de celle d'Alfred... Alfred, vous savez !...

LA COMTESSE, *à part.* Oh! imprudente!

1 Le Comte, Maxime, la Comtesse.

MAXIME, *froidement, au comte, et après avoir remis la tresse à terre.* Ramassez.

LE COMTE, *hésitant.* Mais...

MAXIME, *s'animant.* Ramassez... ou je dis tout.

LE COMTE, *se baissant à terre.* Ramassons. (*A part.*) Il paraît que décidément ce sont bien ses cheveux... O Rosita!

MAXIME, *à la comtesse.* J'avais eu confiance, Madame... heureusement que par hasard... (*Il se fouille de nouveau.*)

LA COMTESSE, *à part.* Aurait-il réellement?...

MAXIME, *à part, agitant un papier.* Voilà encore un petit protêt qui fera son effet.

LA COMTESSE, *à mi-voix.* Assez, Monsieur, assez... je consens.

MAXIME, *s'inclinant.* Madame...

SCÈNE XIX ET DERNIÈRE.

LES MÊMES, PAUL, HENRIETTE (1).

PAUL, *à Maxime.* Le notaire en est à sa troisième douzaine de plumes.

MAXIME. Diable! qu'il arrête les frais.

HENRIETTE, *tristement.* Elles ne serviront pas?

LE COMTE. Si fait.

LA COMTESSE. Aujourd'hui...

MAXIME. A l'instant même. (*Regardant le comte et la comtesse.*) Je ne bouge plus d'ici que tout ne soit terminé.

PAUL. Et c'est à vous que je dois mon bonheur!... Comment jamais reconnaître?.. Lieutenant, embrassez la.

1 Le Comte, Paul, Maxime, Henriette, la Comtesse.

MAXIME, *à Henriette, après l'avoir embrassée.* Faut-il?

HENRIETTE, *souriant.* Le jour de mon mariage, je vous le rendrai.

CHŒUR.

Air des Néréides.

PAUL, HENRIETTE.

Quel beau jour! quel plaisir!
Tous nos chagrins vont finir;
  Quel beau jour! quel plaisir!
Pour nous le doux avenir!...

MAXIME, LE COMTE, LA COMTESSE.
  Quel beau jour! quel plaisir!
Tous leurs chagrins vont finir;
  Quel beau jour! quel plaisir!
Pour eux le doux avenir!

MAXIME, *au public.*

Air : *Il me faudra bientôt quitter l'empire.*

Vous m'avez vu, dans mon ardeur guerrière,
Ce soir, Messieurs, agir en vrai sabreur;
Mais, maintenant, beaucoup moins téméraire,
La crainte, hélas! me remplit de frayeur...
Quoique spahi, je l'avoue, oui, j'ai peur!..
Vous plaire à tous serait douce victoire;
Et l'indulgence inspirant votre cœur,
Puissé-je, grâce à votre accueil flatteur,
Lorsque là-bas je vais chercher la gloire...
(*Montrant Paul et Henriette.*)
Ici laisser après moi le bonheur!

CHŒUR.

Quel beau jour! quel plaisir, etc.

FIN.

LAGNY. — Imprimerie de VIALAT et Cie.

EN VENTE CHEZ LE MÊME ÉDITEUR.

Titre	Prix
L'Aïeule.	75
Un Monstre de Femme.	60
La Jeunesse de Charles-Quint.	60
Le Vicomte de Létorières.	60
Les Fées de Paris.	60
Pour mon fils.	60
Lucienne.	60
Les jolies Filles de Stilberg.	60
L'Enfant de Chœur.	60
Le Grand Palatin.	60
La Tante mal gardée.	60
Les Circonstances atténuantes.	60
La Chasse aux Vautours.	60
Les Batignollaises.	60
Une Femme sous les Scellés.	60
Les Aides de Camp.	60
Le Mari à l'essai.	60
Chez un Garçon.	60
Jaket's-Club.	60
Mérovée.	60
Les deux Couronnes.	60
Au Croissant d'Argent.	60
Le Château de la Roche-Noire.	60
Mon illustre ami.	60
Talma en congé.	60
L'Omelette Fantastique.	60
La Dragonne.	60
La Sœur de la Reine.	60
La Vendetta.	60
Le Poëte.	60
Les Informations Conjugales.	60
Le Loup dans la Bergerie.	60
L'Hôtel de Rambouillet.	60
Les deux Impératrices.	60
La Caisse d'Épargne.	60
Thomas le Rageur.	60
Derrière l'Alcôve.	60
La Villa Duflot.	60
Péroline.	60
La Femme à la Mode.	60
Les égarements d'une Canne et d'un Parapluie.	60
Les deux Anes.	60
Foliquet, coiffeur de Dames.	60
L'Anneau d'Argent.	60
Recette contre l'Embonpoint.	60
Don Pascale.	60
Mademoiselle l'éjaset au Sérail.	60
Tamboulie le Cruel.	60
Hermance.	60
Les Canuts.	60
Entre Ciel et Terre.	60
La Fille du Figaro.	60
Métier et Quenouille.	60
Angélique et Médor.	60
Loïsa.	60
Jocrisse en Famille.	60
L'autre Part du Diable.	60
La Chasse aux Belles Filles.	60
La Salle d'Armes.	60
Une Femme compromise.	60
Patineau.	60
Madame Roland.	60
L'Esclave du Camoëns.	60
Les Réparations.	60
Mariage du Gamin de Paris.	60
Veille du Mariage.	60
Paris bloqué.	60
Un Ménage Parisien.	1 »
La Bonbonnière.	60
Adrien.	60
Pierre le Millionnaire.	60
Carlo et Carlin.	60
Le Moyen le plus sûr.	60
Le Papillon Jaune et Bleu.	60
La Polka en province.	60
Une Séparation.	60
Le roi Dagobert.	60
Frère Galfâtre.	60
Nicaise à Paris.	60
Le Troubadour-Omnibus.	60
Un Mystère.	60
Le Billet de faire part.	60
Pulcinella.	60
Fiorina.	60
La Sainte-Cécile.	60
Follette.	60
Deux Filles à Marier.	60
Monseigneur.	60
A la Belle Etoile.	60
Un Ange tutélaire.	60
Un Jour de Liberté.	60
Wallace.	60
L'Ecolier d'Oxford.	60
L'Oiseau du Bocage.	60
Paris à tous les Diables.	60
Une Averse.	60
Madame de Cérigy.	60
Le Fiacre et le Parapluie.	60
Morale en action.	60
Liberté Libertas.	60
L'Ile du prince Toutou.	60
Mimi Pinson.	60
L'Article 170.	60
Les Viveurs.	60
Les deux Pierrots.	60
Seigneur des Broussailles.	60
Deux Tambours.	60
Constant la Girouette.	60
L'Amour dans tous les Quartiers de Paris.	60
Madame Bugolin.	60
Petit Poucet.	60
Camoëns.	60
Escadron volant de la Reine.	60
Le Lansquenet.	60
Une Voix.	60
Agnès Bernau.	60
Amours de M. et Mme Denis.	60
Porthos.	60
La Pêche aux Beaux-Pères.	60
Révolte des Marmousets.	60
Le Troisième Mari.	60
Un premier Souper de Louis XV.	60
L'Homme à la Mode.	60
Une Confidence.	60
Le Ménétrier.	60
L'Almanach des 25,000 Adresses.	60
Une Histoire de Voleurs.	60
Les Murs ont des Oreilles.	60
L'Enseignement Mutuel.	
La Charbonnière.	60
Le Code des Femmes.	60
On demande des Professeurs.	60
Le Pot aux Roses.	60
La Grande Bourse et les Petites Bourses.	60
L'Enfant de la Maison.	60
Riche d'Amour.	60
La Comtesse de Moranges.	60
L'Amazone.	60
La Gloire et le Pot-au-Feu.	60
Les Pommes de terre malades.	60
Le Marchand de Marrons.	60
V'là ce qui vient d' paraître.	60
La Loi salique.	60
Nuage au Ciel.	60
L'Eau et le Feu.	60
Beaugaillard.	60
Mardi Gras.	60
Le Retour du Conscrit.	60
Le Mari perdu.	60
Dieux de l'Olympe à Paris.	60
Le Carillon de Saint-Mandé.	60
Geneviève.	60
Mademoiselle ma Femme.	60
Mal du Pays.	60
Mort civilement.	60
Garde-Malade.	60
Fruit défendu.	60
Un Cœur de Grand'Mère.	60
Nouvelle Clarisse Harlowe.	60
Place Ventadour.	60
Nicolas Poulet.	60
Roch et Luc.	60
La Protégée sans le savoir.	60
Une Fille Terrible.	60
La Planète à Paris.	60
L'Homme qui se cherche.	60
Maître Jean.	60
Ne touchez pas à la Reine.	1 »
Une année à Paris.	60
Irène ou le Magnétisme.	60
Amour et Biberon.	60
En Carnaval.	60
Bal et Bastringue.	60
Un Bouillon d'onze heures.	60
Cour du Bibereack.	60
D'Aranda.	60
Femme qui se jette par la fenêtre.	60
Avocat Pédicure.	60
Trois Paysans	60
Chasse aux Jobards.	60
Mademoiselle Grabutot.	60
Père d'occasion.	60
Croquignole.	60
Henriette et Charlot.	60
Le Chevalier de Saint-Remy.	60
Malheureux comme un Nègre.	60
Un Vœu de jeune Fille.	60
Secours contre l'Incendie.	60
Chapeau Gris.	60
Sans Dot.	60
La Syrène du Luxembourg.	60
Homme Sanguin.	60
La Fille obéissante.	60
Tantale.	60
Deux Loups de Mer.	60
Olnéa.	60
La Croisée de Berthe.	60
La Filleule à Nicot.	60
Les Charpentiers.	60
Mademoiselle Faribole.	60
Un Cheveu blond.	60
Les Impressions de Ménage	60
L'Homme aux 160 Millions	60
Pierret Posthume.	60
La Déesse.	60
Une Existence décolorée.	60
Elle... ou la Mort!	60
Didier l'honnête Homme.	60
L'Enfant de quelqu'un.	60
Les Chroniques bretonnes	60
Haydée ou le Secret.	1 »
L'Art de ne pas donner d'Étrennes.	60
Le Puff.	1 »
La Tireuse de Cartes.	60
La Nuit de Noël.	1 »
Christophe le Cordier.	60
La Rose de Provins.	60
Les Barricades de 1848.	60
34 Francs! ou sinon!...	60
La Fille du Matelot.	60
Les deux Pommades.	60
La Femme blasée.	60
Les Filles de la Liberté.	60
Hercule Belhomme.	60
Don Quichotte.	60
L'Academicien de Pontoise.	60
Ah! Enfin!	60
La Marquise d'Aubray.	60
Le Gentilhomme campagnard.	60
Les Peureux.	60
Le Chevalier de Beauvoisin.	60
Le Gentilhomme de 1847.	60
La Rue Quincampoix.	60
L'Ange de ma Tante.	60
La République de Platon.	60
Le Club de Maris.	60
Oscar XXVIII.	60
Une Chaîne Anglaise.	60
Un Petit de la Mobile.	60
Histoire de rire.	60
Les vingt sous de Périnette.	60
Le Serjent de la Paroisse.	60
Agénor le Dangereux.	60
Roger Bontemps.	60
L'Été de la Saint-Martin.	60
Jeanne la Folle.	1 »
Les suites d'un Feu d'Artifice.	60
O Amitié! ou les trois Epoques.	60
La Propriété, c'est le Vol.	60
La Poule aux Œufs d'Or.	60
Elevés ensemble.	60
L'Hôtellerie de Genève.	60
A bas la Famille ou les Banquets.	60
Daniel.	1 »
Le Voyage de Nannette.	60
Titine à la Cour.	60
Le baron de Castel-Sarrazin.	60
Madame Marneffe.	60
Un Gendre aux Epinards.	60
Madame veuve Lavilla.	60
La Reine d'Yvetot.	60
Les Manchettes d'un Vilain.	60
Le Duel aux Mauviettes.	60
Les Filles du Docteur.	60
Un Turc pris dans une porte.	60
Les Grenouilles qui demandent un Roi.	60
Ce qui manque aux Grisettes.	60
La Poésie des Amours et...	60
Les Viveurs de la Maison-d'Or.	60
Un Troupier dans les Confitures.	60
Ma Tabatière.	60
Gracioso.	60
E H.	60
Trompe-la-Balle.	60
Un Vendredi.	60
Le Gibier du Roi.	60
Breda-Street.	60
Adrienne Lecouvreur.	1 »
Sans le Vouloir.	60
Les Femmes saucialistes.	60
Le Mobilier de Bamboche.	60
Les Beautés de la Cour.	60
La Famille.	60
L'Hurluberlu.	60
Un Cheveu pour deux têtes.	60
L'Ane à Baptiste.	60
Les Prodigalités de Bernorette.	60
Les Bourgeois des Métiers.	60
La Graine de Mousquetaires.	60
Les Faubourgs de Paris.	60
La Montagne qui accouche.	60
Le Juif-Errant.	60
Adrienne de Carotteville.	60
Un Socialiste en Province.	60
Le Marin de la Garde.	60
Une Femme qui a une jambe de bois.	60
Mauricette.	60
Une Semaine à Londres.	60
Le Cauchemar de son propriétaire.	60
Le Marquis de Carabas.	60
La Ligue des Amants.	60
Les Sept Billets.	60
Passe-temps de la Duchesse.	60
Les Cascades de Saint-Cloud.	60
Lorettes et Artistes.	60
Les Compatriotes.	60
Un Tigre du Bengale.	60
Le Congrès de la Paix.	60
Les Représentants en vacances.	60
Les Grands Écoliers en vacances.	60
Un Intérieur comme il y en a tant!	60
Le Moulin Joli.	60
La Rue de l'Homme-Armé.	60
La Fée aux Roses.	1 »
Babel.	60
Un Lièvre en sevrage.	60
Evelyne.	60
Trumeau.	60
Mademoiselle Carillon.	60
L'Héritier du Czar.	60
Rhum.	60
Les Associés.	60
Les Fredaines de Troussard.	60
Les Partageux.	60
Daphnis et Chloé.	60
Malbranchu.	60
La fin d'une République.	60
La Croix de Saint-Jacques.	60
Paris sans impôts.	60
Les Quinze-Vingt.	60
Les Gardes françaises.	60
Les Vignes du Seigneur.	60
La Perle des Servantes.	60
Un ami malheureux.	60
Un de perdu, une de retrouvée.	60
La République des lettres.	60
Figaro en prison.	60
La Dame de Trèfle.	60
Le Ver luisant.	60
Les Secrets du Diable.	60
Deux vieux Papillons.	60
La Mariée de Poissy.	60
L'Homme aux Souris.	60
Le Baiser de l'Etrier.	60
Planète et Satellites.	60
Héloïse et Abailard.	60
Une Veuve inconsolable.	60
A la Bastille.	60
Jean Bart.	60
Les Pupilles de dame Charlotte.	30
Le Jour de Charité.	60
Un Fantôme.	60
Les Nains du Roi.	60

SUITE DU CATALOGUE.

Les trois Racan.	60
Les Sociétés secrètes.	60
Le Chevalier de Servigny.	60
C'en était un.	60
Les trois Dondon.	60
Giralda.	»
La première Chanson de Gallet.	60
Méphistophélès.	60
L'Alchimiste.	60
Le père Nourricier.	60
Grassot embêté par Ravel.	60
La Société du Doigt dans l'OEil.	60
L'Hôtesse de Saint-Eloy.	60
La Fille bien gardée.	60
Le Jour et la Nuit.	60
Plaisir et Charité.	60
Marié au second Garçon au cinquième.	60
Un Bal en robe de chambre	60
Né Coiffé.	60
Le Menage de Rigolette.	60
Le Pont Cassé	60
Un Valet sans Livrée.	60
Le Paysan.	60
Charles le Téméraire.	60
L'Anneau de Salomon.	60
Supplice de Tantale.	60
Les Infidélités Conjugales.	60
Les Petits Moyens.	60
Les Escargots sympathiques.	60
La Grenouille du Régiment	60
Les Tentations d'Antoinette.	60
La baronne Bergamotte.	60
Les Extases de M. Hochenez.	60
Le Journal pour rire.	60
Le Renard et les Raisins.	60
La Belle au Bois dormant.	60
La Course aux Pommes d'Or.	60
Christian et Marguerite.	60
L'Avocat Loubet.	60
Royal-Tambour.	60
Mam'zelle fait ses dents.	60
Le vol à la Roulade.	60
La Fée Cocotte.	60
Mon ami Babolin.	60
Le Palais de Cristal.	60
Passiflor et Cactus.	60
Le Duel au Baiser.	60
Les Trois Ages des Variétés.	60
English Exhibition.	60
Blondette.	60
Histoire d'une Rose et d'un Croquemort.	60
L'Agent secret.	60
Drinn-Drinn.	60
Une Paire de Pères.	60
Les Giboulées.	60
Un Monsieur qui n'a pas d'habit.	60
Mignon.	60
La Chasse aux Grisettes.	60
Voilà plaisir, Mesdames!	60
La Vénus à la Fraise.	60
Les deux Prud'hommes.	60
M. Barbe-Bleue.	60
Une Queue Rouge.	60
Le Pour et le Contre.	60
Le Puits mitoyen.	60
Trois Amours de Pompiers.	60
Les Blooméristes ou la réforme des Jupons.	60
Le Laquais d'un nègre.	60
Los Dansores espagnolas.	60
Madame Schlick.	60
Le Prince Ajax.	60
Les Enfants de la Balle.	60
L'Ami de la maison.	60
La Marquise de La Bretêche.	60
Une Veuve de 15 ans.	60
Une passion à la Vanille.	60
Un service à Blanchard.	60
L'Original et la Copie.	60
Une rivière dans le dos.	60
Cinq Gaillards dont deux Gaillardes.	60
Un Frère terrible.	60
Une Vengeance.	60
Une petite Fille de la Grande Armée.	60
La Fille d'Hoffmann.	60
Un soufflet n'est jamais perdu.	60
Les Femmes de Gavarni.	1 »
La Maîtresse d'été et la Maîtresse d'hiver.	60
Les Échelons du mari.	60
Les Néréides et les Cyclopes.	60
Poste restante.	60
Le Portier de sa Maison.	60
Les Compagnons d'Ulysse.	60
Le Roi des Drôles.	60
La Mère Moreau.	60
La Queue du Diable.	60
Le Bal de la Halle.	60
Méridien.	60
La première Maîtresse.	60
La Julie Meunière.	60
La tante Ursule.	60
Mademoiselle de Navailles.	60
Prunes et Chinois.	60
Histoire d'une Femme mariée.	60
Les Mystères d'Udolphe.	1 »
Une Poule Mouillée.	60
Sullivan.	1 »
Taconnet.	60
Alice ou l'Ange du Foyer.	60
Marco Spada.	1 »
Tabarin.	60
Les Abeilles et les Violettes.	60
Le Lutin de la Vallée.	60
Le Baromètre des Amours.	60
Habitez donc votre immeuble!	60
Le Miroir.	60
Richelieu.	1 »
On dira des bêtises.	60
Le Carnaval des Maris.	60
Un Festival.	60
Une jolie Jambe.	60
Le Voyage d'une Épingle.	60
Les Amours du Diable.	60
Les Postillons de Crèvecœur.	60
Les Orientales.	60
L'amour, qué qu' c'est que ça?	60
La Vie à bon marché.	60
La Lettre au bon Dieu.	60
L'ombre d'Argentine.	60
Faute de mieux.	60
Cadet-Roussel, Dumollet, Gribouille et Cie.	60
Fraîchement décorée.	60
Sir John Esbrouff.	60
Les Aides de camp du Général.	60
La Bataille de la vie.	60
Mêlez-vous de vos affaires.	60
Les Moustaches grises.	1 »
Les Vins de France.	60
La Dame aux OEillets blancs.	60
Les Trois Gamins.	60
La Peine du Talion.	60
L'Esprit Frappeur, ou les sept Merveilles du Jour.	60
Le Mari par régime.	60
Un Cerveau fêlé.	60
La Queue de la Comète.	60
Sur Terre et sur Mer.	60
Mon Etoile.	1 »
Un Fils malgré lui.	60
Mesdames les Pirates.	60
La Fille invisible	60
Un Père de famille.	60
A la recherche d'un Million.	60
Une Rencontre dans le Danube	60
La Femme à trois Maris.	60
Le dernier des Mohicans.	60
Bertrand c'est Raton.	60
Les Contes de la Mère l'Oie.	60
L'Antichambre en Amour.	60
La Fiancée du Diable.	1 »
En trois Visites	60
Canuche, ou le Chien de la Chaumière.	60
L'Automne d'un Farceur.	60
Un Provincial qui se forme.	60
La Danseuse espagnole.	60

EN VENTE

CHEZ LE MÊME ÉDITEUR ET CHEZ TOUS LES LIBRAIRES

LES DRAMES DU FOYER

Par MM. G. LAPOINTE et F. de REIFFENBERG. — Un vol. format Charpentier. Prix 2 fr. 50 c.

LAGNY. — Imprimerie de VIALAT et Cie.